OBSERVATIONS
Sur la Réponse faite le 17 avril 1845,

PAR M. LE MARÉCHAL MINISTRE DE LA GUERRE,

A DEUX PÉTITIONS

SIGNÉES PAR

QUARANTE-SEPT MEMBRES DE LA CHAMBRE DES DÉPUTÉS,

EN FAVEUR

DE M. DELVIGNE.

PARIS.

IMPRIMERIE DE MADAME DE LACOMBE,
RUE D'ENGHIEN, 12.

1845.

OBSERVATIONS

Sur la Réponse faite le 17 avril 1845,

PAR M. LE MARÉCHAL MINISTRE DE LA GUERRE,

A DEUX PÉTITIONS

SIGNÉES PAR

QUARANTE-SEPT MEMBRES DE LA CHAMBRE DES DÉPUTÉS,

EN FAVEUR

DE M. DELVIGNE.

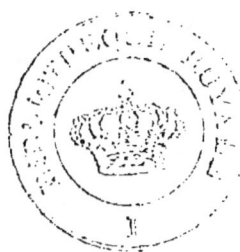

PARIS.

IMPRIMERIE DE MADAME DE LACOMBE,
RUE D'ENGHIEN, 12.

—

1845.

OBSERVATIONS

SUR LA RÉPONSE FAITE LE 17 AVRIL 1845,

PAR M. LE MARÉCHAL MINISTRE DE LA GUERRE,

A DEUX PÉTITIONS

SIGNÉES PAR

QUARANTE-SEPT MEMBRES DE LA CHAMBRE DES DÉPUTÉS,

EN FAVEUR

DE M. DELVIGNE.

————

La création des dix bataillons de chasseurs d'Orléans, les épreuves nombreuses sur le tir des armes, qui en furent la suite, les résultats étonnans et imprévus obtenus du système de chargement de M. Delvigne, appliqué à l'emploi de ses balles cylindro-coniques, enfin, la création des écoles de tir, et la nomination de Monseigneur le duc d'Aumale, aux fonctions d'inspecteur-général de ces écoles, tous ces faits démontraient que le moment d'un grand progrès était arrivé pour l'armement des troupes. On n'ignorait pas que les confections d'armes, de beaucoup de modèles différens, les expériences nombreuses, les dépenses de toutes espèces auxquelles avait entraîné une lutte de vingt années, avaient eu pour les intérêts de M. Delvigne les plus fâcheuses conséquences. On n'ignorait pas que pour faire accueillir, pour faire prévaloir son système, M. Delvigne avait tout sacrifié ; position honorable, fortune, tout, jusqu'au bien-être de sa famille, en vue du but important qu'il s'agissait d'atteindre dans l'intérêt du pays !

Le gouvernement, il est vrai, l'avait aidé en lui accordant, durant le cours de ces vingt années, plusieurs gratifications ou indemnités ; mais les sommes allouées furent bien loin de couvrir les dépenses et les pertes supportées pendant un si long espace de temps. En présence des grands résultats obtenus, on pensa donc que le moment était aussi venu d'indemniser M. Delvigne de tant de dépenses et de sacrifices, de le récompenser des services qu'il avait rendus au pays.

Les princes de la famille royale daignèrent le recommander vivement à la bienveillance de M. le maréchal ministre de la guerre ; les anciens ministres de la guerre, le maréchal comte Valée, ancien premier inspecteur-général de l'artillerie, et beaucoup d'officiers-généraux y joignirent aussi leurs instances, enfin, tandis que M. le maréchal Bugeaud et deux de ses collègues de la Chambre adressaient spontanément une pétition à M. le maréchal duc de Dalmatie pour recommander fortement M. Delvigne, quarante-quatre députés signaient une seconde pétition dans le même but, qu'ils adressèrent à M. le ministre de la guerre.

Toutes ces recommandations, ayant été renvoyées par M. le ministre de la guerre au comité de l'artillerie, pour connaître son avis sur la rémunération qu'il conviendrait d'accorder à M. Delvigne, ce comité émit l'avis, que M. Delvigne avait été suffisamment récompensé et qu'on ne pouvait rien faire de plus pour lui.

M. le maréchal rendit en conséquence une décision en date du 6 avril, conforme à l'avis émis par le comité de l'artillerie, et répondit dans ce sens à MM. les députés signataires des deux pétitions.

Accablé par cette décision si imprévue, si cruelle pour lui et sa nombreuse famille, M. Delvigne allait courber la tête sous l'injustice et attendre du temps des jours plus heureux !... Mais il ne lui a pas été permis de suivre cette pensée !

Invité à répondre, à exposer ses droits, à faire ses observations sur la lettre ministérielle qui lui fut communiquée, M. Delvigne n'a pu reculer.

S'il ne se fût agi que de ses intérêts personnels, il eût hésité peut-être devant une nouvelle lutte, après toutes les tribulations qu'il avait éprouvées ; mais parmi MM. les députés, signataires de la lettre, se trouvent plusieurs membres de la Chambre, qui, dans leurs fonctions officielles, ont pris part à des délibérations dont le souvenir leur démontrait que, sur plusieurs points, les assertions contenues dans la lettre ministérielle sont complètement inexactes. Il se devait donc à lui-même de faire connaître toute la vérité sur toutes les inexactitudes que renferme cette lettre. Pénétré d'une profonde reconnaissance de la démarche, pour lui si flatteuse et si honorable, d'un si grand nombre de MM. les députés, il s'est vu forcé de démontrer qu'il mérite, plus que semble l'accorder la lettre ministérielle, les bontés dont il a été l'objet.

Une autre considération devait l'y décider encore ; c'est que l'intérêt général exige que MM. les députés soient éclairés sur le fond de la question qui a soulevé cette affaire. Aussi, c'est surtout comme ancien officier d'infanterie qu'il tient à soutenir les intérêts de l'arme dans laquelle il a eu l'honneur de servir, en même temps qu'il défend les siens.

Pour pouvoir faire connaître la vérité d'une manière convenable et arriver au fond des choses, il faut avant tout faire remarquer ici, que la religion de M. le maréchal a été surprise, et qu'il se trouve en dehors de ce débat. Il est vrai qu'il a apposé sa signature à la lettre adressée à MM. les députés, mais cette lettre a été rédigée dans les bureaux de l'artillerie, notoirement peu bienveillans pour M. Delvigne ; cette lettre est le résumé de l'avis émis par le comité de l'artillerie, également peu favorable, et enfin cet avis n'est, après tout, comme cela se fait habituellement, que la sanction donnée à un rapport, concerté par deux ou trois personnes du comité, et de ses bureaux dont l'esprit ne peut être bien différent.

Cet avis ayant passé ensuite aux bureaux de l'artillerie du ministère de la guerre, c'est là où la lettre adressée à MM. les députés a été rédigée conformément à l'avis du comité.

On comprend maintenant ce que doit être un semblable avis passant par ce triple creuset !

Qu'un malheureux inventeur, plaidant seul sa cause, soit condamné à subir une telle juridiction, c'est un abus qui s'explique par l'influence d'une corporation puissante et permanente ; mais que le succès de la noble et bienveillante démarche de quarante-sept députés de la France, réunissant leurs efforts à ceux des princes et des anciens ministres de la guerre pour protéger un inventeur malheureux, dont les idées ont augmenté la puissance nationale, que ce succès dépende de l'avis d'un triple rang de juges-adversaires, c'est un abus qu'il serait important de faire cesser ; il suffirait pour cela, de renvoyer l'examen de semblables questions à une *commission mixte*, dans laquelle l'artillerie serait appelée pour éclairer quelques questions spéciales, mais qui se composerait en majorité d'officiers appartenant aux armes qui appliquent les inventions proposées et qui en profitent. L'adoption des idées de M. Delvigne (il est bon de le faire remarquer ici), loin d'être utile à l'arme de l'artillerie, tend au contraire à diminuer considérablement son importance à la guerre en augmentant celle de l'infanterie. L'artillerie se trouve donc évidemment *juge et partie.*

Quoi qu'il en soit, quarante-sept députés ayant adressé de concert, au ministre une lettre respectueuse, mais énergique, qui ne peut être confondue avec une recommandation banale, les manœuvres bien connues de la bureaucratie, dans les affaires où ses susceptibilités ont été blessées, auraient dû cesser devant une telle manifestation, pour laisser parler le ministre, dans sa sagesse, dans sa justice !

Avant de passer à l'examen du contenu de la lettre, il ne sera pas inutile de citer ici un passage d'un discours prononcé, il y a deux ans, à la Chambre par M. le général Doguereau, président du comité de l'artillerie ; voici ce passage : « Messieurs, quand la grande question de la transformation des armes à silex en armes percutantes a été agitée en Europe, la France ne pouvait pas rester en arrière ; les hommes chargés de cette importante affaire *auraient trahi leur pays s'ils ne s'en étaient pas occupés soigneusement* ; à cet égard, aucun reproche ne peut leur être adressé, ils ont fait leur devoir. »

Voici maintenant plusieurs passages de la lettre ministérielle :

« J'ai fait examiner avec une attention toute
» particulière les titres de M. Delvigne à une
» nouvelle récompense.

» Il résulte de cet examen que la série des in-
» ventions de M. Delvigne, renvoyées à l'examen
» du comité de l'artillerie, par suite des rapports
» des commissions qui avaient été chargées de
» les mettre en expérience, se compose :

» 1° D'une carabine essayée en 1826, 1827 et
» 1828, et rejetée comme n'ayant pas une portée
» suffisante.

Observations. Il serait plus exact de dire du *principe* du chargement par aplatissement de la balle, appliqué à divers modèles de carabines, *principe* dont l'application a servi de base première à la création des chasseurs d'Orléans, et à toutes les expériences importantes sur les armes rayées, depuis lors en cours d'exécution à Vincennes.

L'objection contre l'infériorité de portée n'a plus été faite, lorsque le principe présenté par M. Delvigne, a été appliqué à un nouveau modèle de carabine, qui avait moins de portée encore, mais qui fut présenté par un lieutenant-colonel d'artillerie ! Cette application, il est vrai, n'a pas été heureuse, puisqu'il a fallu abandonner ce modèle qui avait servi à l'armement du bataillon d'essai des chasseurs à pied.

» 2° D'un fusil rayé, présenté en 1840, et destiné
» à remplacer le fusil d'infanterie et la carabine ;
» système repoussé comme ne remplissant nulle-
» ment le but indiqué.

Observations. La proposition d'adopter, ou pour mieux dire, d'étudier l'emploi d'un fusil rayé a été faite par M. Delvigne en 1836, en 1839, en 1840 et en 1841. En faisant signer à M. le maréchal ministre de la guerre cette assertion « que ce système a été repoussé, » les bureaux de l'artillerie ont oublié sans doute que le 25 février 1841, ils avaient fait signer au ministre une autre lettre au sujet du fusil rayé, qui contient ce qui suit :

« Quoi qu'il en soit, les épreuves sur le fusil
» rayé devant être continuées comparativement à
» celui des différens modèles d'armes présentées
» par M. le chef d'escadron d'artillerie Thiéry,
» il est juste d'attendre le résultat de ces nouvel-
» les épreuves, avant de tirer, des faits consignés
» dans le rapport de la commission des fusils
» percutans, des conséquences que cette commis-
» sion a hésité à produire elle-même, trouvant
» avec raison que les expériences avaient été trop
» peu nombreuses et faites sur un trop petit
» nombre d'armes pour être décisives, et la met-
» tre à même de se prononcer en faveur de tel ou

» tel système de fusil. En conséquence, il convient
» d'attendre le résultat des épreuves et le rapport
» de la commission des fusils percutans, auquel
» elles donneront lieu, pour apprécier en parfaite
» connaissance de cause le mérite de vos propo-
» sitions. »

Aucune autre épreuve n'eut lieu par la commission des fusils percutans, et la question restait non résolue.

En date du 10 août 1839, M. Delvigne avait déjà reçu aussi la lettre suivante de M. le directeur du personnel, qui prouve l'ardeur avec laquelle il poursuivait sa proposition, d'arriver à l'étude du fusil rayé.

« Monsieur, vous pouvez être certain que la
» proposition que vous avez adressée à M. le mi-
» nistre de la guerre, pour que le corps des zoua-
» ves soit armé de fusils rayés, sera l'objet d'un
» examen approfondi. Mais cette question est trop
» grave pour être traitée verbalement, et je ne
» vois aucun avantage à la discussion contradic-
» toire que vous proposez d'engager avec M. le
» colonel Tugnot. »

Bientôt après, Monseigneur le duc d'Aumale, inspecteur-général des écoles de tir, qui, de même que Monseigneur le duc d'Orléans, avait prévu l'avenir de cette grave question, fit demander à M. Delvigne un fusil rayé à balle cylindro-conique que S. A. R. emporta en Afrique. M. le général comte de Rumigny, aide-de-camp du roi, en emporta un autre, et le remit entre les mains de M. le capitaine Bourbahi des zouaves. En 1842, M. Delvigne, ne sachant comment arriver à faire connaître la vérité, remit à l'Académie des sciences un mémoire sur le tir des projectiles cylindro-coniques, tirés par des fusils rayés, et contenant un projet de programme à faire pour perfectionner l'application du principe dont il soutenait l'avantage.

Enfin une étude approfondie des détails de l'application de ce principe, préparée de longue main par M. Delvigne, fut commencée par lui, de concert avec M. Minié, officier instructeur à l'école de tir des chasseurs d'Orléans. Le perfectionnement apporté par M. le colonel d'artillerie Thouvenin ayant été combiné avec les recherches faites sur la balle cylindro-conique, on en obtint alors les résultats les plus remarquables.

Par suite des résultats obtenus dans ces essais, un détachement de soixante canonniers, armés de vingt carabines rayées, de vingt mousquetons rayés, et de vingt *fusils rayés, à balles cylindro-coniques*, est parti, il y a peu de temps, pour l'Algérie dans le but d'essayer ce système à la guerre.

« 3° D'une carabine se chargeant avec la balle
» cylindro-conique présentée en 1841, et rejetée à
» cause de sa grande infériorité de justesse, re-
» lativement aux armes rayées en service.

Observations. Dès le mois de mai 1841, M. le général Doguereau avait été chargé, par M. le ministre de la guerre, de faire examiner l'emploi d'une balle cylindro-conique présentée par M. Delvigne, et qui, tirée par un petit mousqueton de cavalerie, fit obtenir des résultats extraordinaires dans des essais faits à Vincennes, à la distance de six cents mètres. M. le général Doguereau reçut *fort mal* M. Delvigne et sa proposition, à laquelle il ne donna aucune suite.

Quelque temps après, les mêmes expériences ayant été renouvelées à Versailles, sous les yeux d'une commission déléguée par le comité de la cavalerie, et présidée par M. le lieutenant-général Wathier, les résultats favorables qu'on obtint de nouveau du tir de ces projectiles, engagèrent le comité de la cavalerie à demander au Ministre de la guerre qu'il en fût fait l'épreuve au tir du mousqueton. Les procès-verbaux du comité en font foi, mais cette proposition n'eut pas de suite non plus.

L'attention des étrangers ayant été éveillée par ces essais, qui eurent quelque retentissement, des épreuves approfondies eurent lieu à Liége d'après les ordres du gouvernement russe ; ces essais, qui durèrent deux mois, démontrèrent le grand avantage du tir des balles cylindro-coniques, par des carabines et des fusils rayés. M. le ministre de la guerre de Belgique, ayant fait adresser à M. Delvigne un exemplaire du rapport très détaillé, fait sur ces expériences, ce dernier demanda à M. le maréchal duc de Dalmatie, que l'essai des balles cylindro-coniques fût répété en France, en présentant à l'appui le rapport qui lui avait été remis. En effet, les expériences eurent lieu d'après les données que renfermait le rapport; mais une fois de plus se vérifia l'exactitude de cet adage de l'artilleur: « *D'un rien de plus, d'un rien de moins dépend le succès de nos soins!* »

Il y eut des riens de plus, des riens de moins, et les résultats furent très inférieurs à ceux que constatait le rapport des expériences faites à Liége. Certes, il eût été du devoir des hommes chargés de la confection des armes non seulement de rechercher la cause de l'infériorité des effets observés, mais encore de chercher à améliorer, à étudier *soigneusement* une question nouvelle! Ce devoir, ils ne l'ont pas rempli! ils se sont contentés de constater les faits et de repousser le système! Qu'en est-il résulté?

Considérant comme dénuée de raison et inapplicable l'idée de rayer le canon de fusil et d'employer des projectiles allongés, on n'a pas daigné examiner avec soin cette proposition. *Une idée née et développée dans le sein du comité* a absorbé son attention, celle de profiter de la transformation au système percutant, *pour alléser les canons de fusil au calibre de* **18** *millimètres*, c'est-à-dire pour agrandir leur calibre, afin de pouvoir, au besoin, se servir des cartouches de l'ennemi!

L'opération a été faite, plus d'un million d'armes ont été transformées et *allésées*; mais qu'est-il arrivé? la vérité s'est fait jour, la bonté du principe de l'emploi des balles cylindro-coniques a été reconnue, des perfectionnemens ont été obtenus dans son application par le concours de plusieurs officiers, et il est constaté maintenant que l'ancien canon de fusil peut être rayé, et que, tiré à balle cylindro-conique, il produit des effets prodigieux. Mais, hélas! il est trop tard maintenant pour adopter ce système, pour la plus grande partie des armes en service! Par *l'allésage*, on a enlevé précisément l'épaisseur de fer nécessaire à la rayure vers le bout du canon! Un matériel d'une valeur de quarante ou cinquante millions se trouvera ainsi rendu, par *l'allésage*, impropre à la transformation en armes rayées, si elle est reconnue utile! Et dira-t-on encore, comme lors de la malheureuse affaire du fusil de 1816, qu'on ne pense pas toujours à tout, qu'il n'y a que ceux qui ne font rien qui ne se trompent pas!

On a été assez prévenu pour qu'on eût dû étudier la question soigneusement. La Chambre ne sait-elle pas aussi, que plusieurs fois M. Arago a parlé à la tribune des avantages que présenterait le fusil rayé, et que chaque fois l'artillerie vint l'attaquer à ce sujet à la tribune de la Chambre des députés, à la tribune de la Chambre des pairs, et dans de longs articles du *Moniteur*, comme s'il eût avancé une chose déraisonnable!

Dans quelle position se trouverait maintenant la France si une guerre venait à éclater ; les puissances étrangères feraient certainement rayer leurs armes, et la France se trouverait privée de cet avantage, du moins pour une grande partie de son matériel! Et cependant, il est impossible que des troupes armées de fusils, qui ne présentent que jusqu'à trois cents mètres, des effets que l'ennemi obtiendrait encore à une distance triple, puissent soutenir la lutte avec quelque chance de succès.

Ne serait-ce donc pas le cas de rappeler sévèrement à M. le général Doguereau la sentence qu'il prononçait lui-même contre les hommes qui ne s'occupent pas *soigneusement* de l'importante affaire de l'armement du pays! lui qui, par ordre du ministre, avait été chargé d'examiner cette question, et qui l'a négligée! Au reste, si la balle cylindro-conique n'a pas offert de bons résultats dans les épreuves faites à Vincennes, en 1842, elle est sortie victorieuse des essais que l'artillerie lui a fait subir en 1830, puisque M. Delvigne a été envoyé spécialement en mission à la première expédition d'Afrique pour y diriger l'emploi de six mille balles obus cylindro-coniques. Et cependant, après s'en être servi avec succès à l'attaque du fort de l'Empereur, pour le tir des fusils de rempart, dont le commandement lui avait été confié, ces projectiles n'en ont pas moins été repoussés.

Depuis, de légères modifications ont été apportées, il est vrai, dans la forme de la balle, mais c'est toujours l'application du même principe dont l'artillerie niait obstinément l'efficacité; ces modifications ne sont d'ailleurs que la conséquence toute naturelle de l'étude plus approfondie du système. Vit-on jamais une invention arriver du premier jet à sa perfection? Du reste, ces améliorations, M. Delvigne lui-même les avait annoncées dans un projet de programme d'expériences qu'il soumit à l'Académie des sciences, le 2 avril 1842. N'est-il pas inouï, que tandis qu'on reconnaît maintenant les avantages de ce projectile, et qu'on accorde une gratification de plusieurs milliers de francs à l'officier, qui a travaillé avec M. Delvigne, on refuse tout à celui-ci à qui on doit l'application de l'idée-mère; et cependant, la Chambre des députés elle-même a eu connaissance de la vérité sur ce point. L'année passée, M. le général Paixhans, succédant à la tribune à M. Arago, qui venait de déclarer que le système de guerre changerait par suite de l'adoption des armes de M. Delvigne, disait à la tribune:

« M. Arago vous a dit aussi comment, des offi-

» ciers d'artillerie et de chasseurs très expéri-
» mentés en théorie et en pratique, s'étaient oc-
» cupés avec M. Delvigne lui-même, et de bon
» accord, de perfectionner ses armes. »

M. le général Paixhans aurait pu ajouter, et l'aurait fait, sans doute, dans sa loyauté, si le fait lui avait été connu ; que c'est avec le matériel, assez considérable, appartenant à M. Delvigne, que les études ont eu lieu d'abord et que c'est avec le canon d'une de ses carabines qu'on a rayé le modèle présenté par M. le colonel d'artillerie Thouvenin, que l'Artillerie vante tant maintenant !

Lorsque pendant dix-huit années, M. Delvigne a soutenu envers et contre tous, l'avantage de l'emploi des projectiles allongés, le mettre en dehors de cette question au moment où le principe triomphe, c'est commettre la plus révoltante injustice contre laquelle il proteste de toutes ses forces.

Et qu'on ne dise pas que l'on ne pouvait pas se préoccuper de l'idée de l'emploi des projectiles cylindro-coniques, puisque les résultats remarquables qu'on a obtenus, depuis l'emploi de la modification heureuse faite au chargement de M. Delvigne par l'emploi de la tige de M. le colonel Thouvenin, étaient inconnus. Les résultats obtenus dans les épreuves de Liége étaient positifs, et aucune excuse n'est admissible de n'avoir pas procédé à un examen sérieux, d'autant moins que ces épreuves avaient démontré que les étrangers s'occupaient de ce système. Du reste, ici, s'élèverait un nouveau reproche contre les hommes chargés de l'examen des inventions, car la tige inventée par M. le colonel Thouvenin, leur avait été présentée il y a déjà plusieurs années, et avait été rejetée par de prétendus inconvéniens que l'expérience a démontré ne pas exister.

4° « D'un mousqueton et d'un pistolet rayés,
» proposés pour la cavalerie, en 1841, et rejetés
» (à Compiègne) d'abord, à cause des accessoires
» nécessaires à leur chargement, et depuis, à Paris,
» pour leur peu de solidité. Le mousqueton, amé-
» lioré par la commission, a été soumis à des épreu-
» ves non encore terminées. »

Observations. *Il est complètement inexact* d'avancer que les armes de M. Delvigne aient été rejetées au camp de Compiègne, seulement, la commission (qui ne put opérer que pendant trois jours) émit un avis contraire à l'emploi des accessoires dont *l'essai* avait été demandé par le comité lui-même. L'examen des modèles d'armes, et surtout *des principes nouveaux* sur lesquels elles étaient établies, fut complètement réservé. Pour mieux les protéger contre les tentatives de rejet qu'on pouvait prévoir, le comité de la cavalerie demanda même à M. le maréchal ministre de la guerre la création d'une commission *fortement constituée.* En effet, M. le ministre de la guerre institua une commission composée de trois lieutenans-généraux de cavalerie, membres du comité, d'un lieutenant-général d'artillerie, d'un maréchal-de-camp et d'un colonel de cavalerie et de plusieurs officiers de cavalerie et d'artillerie.

Il est complètement inexact que ces armes aient été depuis, rejetées à Paris. Par suite des expériences faites, l'artillerie et la commission, de concert avec M. Delvigne, ont modifié, amélioré la construction du modèle, dont les principes fondamentaux ont constamment été conservés, et sont encore *en ce moment* l'objet de l'étude de la commission. Ces faits sont constatés d'ailleurs par les procès-verbaux du comité de la cavalerie, et de la commission spéciale.

5° « D'une carabine à deux coups, présentée en
» 1843, et rejetée à cause de son chargement par
» trop difficile et de son peu de solidité. »

Observations. Cette arme, dont le canon n'a que 40 centimètres de longueur, a été établie sur la demande expresse de M. le maréchal Bugeaud, qui en a mis six modèles en essai, sans que jusqu'ici aucune plainte ne se soit élevée contre la difficulté du chargement ni contre un manque de solidité. Les expériences faites depuis *deux ans* à la guerre valent bien cependant deux séances de trois heures à Vincennes, pendant lesquelles on a tiré 150 coups.

Avec un peu de bienveillance, on aurait pu convenir seulement qu'à la distance de 600 mètres, les effets de ce canon de 40 centimètres de longueur approchaient de celui du fusil de rempart, chose inouie jusqu'alors dans la science de l'artillerie!

Au résumé, la lettre ministérielle conclut que dans la série des inventions proposées par M. Delvigne, il n'y a que son mode de forcement qui a été utilisé; qu'ayant reçu depuis 1827, à diverses époques, des gratifications et récompenses qui s'élèvent à un capital de 32,200 fr., il n'y a plus lieu de lui décerner de nouvelles récompenses, et qu'on ne peut faire davantage pour lui.

Oui, cela est vrai, M. Delvigne a reçu dans le cours de dix-huit années la somme de 32,200 fr.! mais depuis vingt ans, il a consacré son existence et toutes ses ressources, il a sacrifié le bien-être et l'avenir de sa famille, en poursuivant ses recherches sur l'amélioration de l'armement et de l'instruction des troupes dans le tir.

Lorsqu'en 1831, les idées qui triomphent maintenant furent pour la troisième fois rejetées sur l'avis du comité de l'artillerie, M. Delvigne, profondément affligé, donna sa démission et brisa sa carrière, espérant pouvoir lutter avec plus de succès par la presse. Une publication, faite en 1836, appela l'attention de Monseigneur le duc d'Orléans, sur des idées condamnées à l'oubli. Le prince en comprit toute l'importance, les fit étudier, les fit appliquer sous la surveillance immédiate et active de M. le général comte d'Houdetot, aide-de-camp du Roi, et bientôt après, secondé par le concours et la haute expérience de M. le maréchal duc de Dalmatie, lança l'infanterie française dans la voie du progrès, en se plaçant à la tête de dix bataillons de chasseurs à pied créés par son influence, et armés de carabines rayées du système de M. Delvigne. Depuis, et toujours par l'impulsion puissante et éclairée de M. le maréchal ministre de la guerre, on a marché dans cette voie. M. Delvigne n'a cessé de travailler pour les armes de l'infanterie, pour celles de la cavalerie, encouragé, excité, par tous les princes, tous les ministres de la guerre et par un grand nombre d'officiers généraux.

On lui avait fait quitter l'habitation où il vivait heureux en province pour venir s'établir à Paris avec une nombreuse famille. On lui avait promis une position, en le chargeant de diriger l'instruction du tir de la compagnie de chasseurs d'essai, et, en effet, deux cents francs par mois lui furent alloués *pendant six mois;* le 7 août 1837, une lettre ministérielle lui annonça qu'une récompense lui serait accordée immédiatement après que les expériences en cours d'exécution sur sa carabine seraient terminées, et ce ne fut *que cinq ans plus tard* que cette récompense se résuma en une somme de vingt-cinq mille francs ! Au milieu des cruelles déceptions de l'espérance toujours fatalement entretenue par des promesses, pendant ces cinq années, il travailla sans relâche, et, en présence du but si important qu'il s'agissait d'atteindre, négligea les intérêts de sa famille, se confiant dans la générosité du gouvernement et du pays. En résumé, ce n'est pas une somme de trente-deux mille deux cents francs, mais une somme *plus que triple*, qui a été absorbée dans l'espace de vingt années, par des confections d'armes, des frais d'expérience, des sacrifices, des pertes de toute sorte résultant de ces travaux ! Les adversaires, les ennemis de M. Delvigne s'efforcent de présenter cette somme de trente-deux mille deux cents francs, qui est bien loin de couvrir ses dépenses, comme une récompense considérable ! Mais ne savent-ils pas ce que coûtent les expériences sur l'armement, n'ont-ils pas, eux, dépensé *des millions* en recherches; et qu'ont-ils fait, qu'ont-ils imaginé ? la transformation, l'allésage ! Mais non, autre chose encore ! En 1816, ils ont changé la direction du canal de lumière du fusil de guerre, et cette malheureuse invention qu'il a fallu réparer, a coûté à la France plus de douze cent mille francs. En 1831, ils ont adopté un fusil de rempart se chargeant par la culasse, malgré les représentations de M. Delvigne, qui avait expérimenté ces armes à la guerre en Afrique, et en 1834, ils ont dû abandonner ce modèle après avoir ainsi mal employé plusieurs centaines de mille francs à sa fabrication ! Pendant *dix-huit années*, ils se sont obstinés à étudier à grands frais le système Brunéel, pour la transformation des fusils, système *qu'aucune puissance étrangère n'a voulu étudier*, et, après tant de travaux et de dépenses, il a fallu abandonner ce système pour se décider à faire placer la capsule avec les doigts !

En 1837, ils ont fait fabriquer près de mille carabines du système de M. Delvigne, qu'ils avaient modifié, et en 1841, il a fallu abandonner ce modèle !

Et ce n'est pas tout encore ; l'année dernière, l'Artillerie demanda des fonds pour la transformation des mousquetons, d'après un modèle qu'elle avait présenté. MM. les généraux Oudinot et Subervic se prononcèrent contre l'allocation des fonds demandés, en soutenant que le modèle proposé n'était pas convenable, qu'il ne remplissait que très imparfaitement le but que se proposait la cavalerie en insistant sur l'adoption du modèle de M. Delvigne. La majorité se prononça pour l'Artillerie, mais qu'est-il arrivé ? Le modèle proposé vient d'être soumis à une épreuve définitive à l'Ecole de Saumur, au quatrième régiment de chasseurs, à Tours, et au premier régiment de hussards, à Fontainebleau. Bien que le programme d'épreuves, rédigé par l'artillerie, n'eût, pour ainsi dire, laissé d'autre alternative que le choix entre le modèle à silex de 1822, et celui modifié par l'artillerie, les deux premières commissions ont repoussé même ce dernier modèle, et la troisième, tout en le déclarant préférable au mousqueton de 1822, l'a considéré comme étant encore très imparfait.

Il est nécessaire d'insister ici sur cette affaire, car le souvenir de ce qui s'est passé à la Chambre, l'année dernière, amènera sans doute prochainement une nouvelle discussion sur ce point, à l'occasion du budget, au chapitre des armes portatives.

La conduite de l'artillerie, prise pour ainsi dire en flagrant délit devant la Chambre, pourra faire juger si les reproches, qui si souvent s'élèvent contre elle, sont aussi dénués de fondement qu'elle essaie de le persuader.

M. le général Oudinot avait fait remarquer que c'était contrairement à l'avis du comité de la cavalerie et de la commission spéciale, et à leur insu, que quelques modèles du mousqueton présenté par l'artillerie, avaient été mis en essai dans deux régimens de cavalerie afin d'obtenir un rapport favorable, nécessaire pour motiver une demande de fonds à la Chambre.

Pour l'obtenir, on ne présenta pas, comme terme de comparaison, le mousqueton proposé par M. Delvigne, mais simplement l'ancien modèle à silex. Il n'était pas difficile de trouver quelque chose de moins mauvais que cet ancien mousqueton, et c'est ainsi qu'un rapport favorable fut obtenu.

Mais depuis la discussion qui a eu lieu à la Chambre, des épreuves plus en grand ont été faites toujours sur les deux modèles, à l'exclusion encore de celui présenté par M. Delvigne, bien qu'il eût été modifié et amélioré par la commission spéciale. Le programme de ces expériences sur une arme destinée à la cavalerie, a été rédigé, contrairement à toutes les règles, dans les bureaux de l'artillerie, *sans aucune participation du comité de la cavalerie, ni de la commission présidée par M. le général comte de Sparre, instituée spécialement pour l'étude de ces questions!*

Mais qu'est-il arrivé encore en cette circonstance ?

Malgré les précautions prises par l'artillerie, malgré la rédaction d'un programme qui ne laissait point de choix aux commissions, deux d'entre elles se sont cependant déclarées tout-à-fait opposées au modèle présenté par l'artillerie, et la troisième, tout en l'acceptant comme moins mauvais que celui en usage, a déclaré qu'il ne remplissait pas les conditions désirables!

Il est à remarquer que la commission de l'école de Saumur, de ce centre, de ce foyer de toutes les connaissances théoriques et pratiques de l'arme de la cavalerie, s'est prononcée formellement contre le modèle de l'artillerie.

Que fera-t-on maintenant, lorsque d'un côté se trouve l'avis du comité de la cavalerie, celui de la commission supérieure, celui de l'école de Saumur, et celui d'une autre commission de cavalerie? Lorsque l'opinion de l'arme entière est parfaitement connue, l'artillerie persistera-t-elle à vouloir imposer à la cavalerie un modèle qu'elle repousse, et à demander aux Chambres plusieurs centaines de mille francs pour de semblables modifications! Certes, il y a dans cette affaire, manque de toute convenance, de toute justice, une véritable tyrannie; et voilà cependant comment ont été conduites presque toutes les graves questions d'armement qui ont été énumérées.

Et pendant qu'on adoptait et qu'on étudiait ainsi, à grands frais, des inventions mauvaises ou inapplicables pour l'arme de guerre, on repoussait l'adoption ou l'étude des principes que M. Delvigne s'efforçait de faire prévaloir et qui triomphent maintenant par la puissance de la vérité! M. Delvigne défie ses adversaires de contester l'exactitude *des faits* qu'il vient d'énumérer, dans la juste indignation qu'il éprouve de la conduite qu'on tient envers lui!

Nul n'aura d'esprit que nous et nos amis! voilà le fond de cette affaire!

M. Delvigne est loin de prétendre que la somme qui lui a été allouée ne soit pas quelque chose ; mais lorsque cette somme est loin de couvrir les dépenses faites *fructueusement* dans le premier intérêt d'un pays comme la France, dans l'intérêt de sa défense, peut-elle être considérée comme une juste rémunération, comme la récompense de vingt années de travaux, comme une compensation du sacrifice du repos de la vie, du bonheur d'une famille entière ! Si on envisage une pareille somme appliquée pendant vingt ans à la réalisation d'une grande amélioration dans les moyens de défense du pays, est-ce quelque chose pour la France ? Les Chambres n'ont-elles pas voté depuis peu de temps, trente mille francs pour *un essai* de télégraphe de nuit, deux cent quarante mille francs pour *un essai* de télégraphe électrique, dix-huit cent mille francs pour *un essai* de chemin de fer atmosphérique ? Et ici, il ne s'agit plus d'un essai, mais d'une adoption, d'une amélioration importante pour la défense du pays ! Si on envisage la rémunération à accorder comme récompense, n'est-il pas assez d'antécédens qui établissent, que si l'artillerie considère la somme accordée comme une récompense suffisante pour un inventeur qui a le malheur de travailler sur ce qu'elle regarde comme son domaine, le gouvernement et les Chambres voient la question d'un point de vue plus élevé.

Pour pouvoir faire mieux apprécier l'importance réelle du système de M. Delvigne, consistant dans l'emploi de projectiles allongés cylindro-coniques, forcés dans des armes rayées par le choc de la baguette en augmentant leur diamètre, quelques observations sont nécessaires.

Il y a un an, un membre de la Chambre, illustre dans la science, et qui, il y a dix-huit ans, faisait partie de la première commission à qui M. Delvigne confia son invention, disait à la tribune : « Les armes de M. Delvigne changeront » complètement le système de guerre actuel. » Un autre député, membre du comité de l'artillerie, parla à peu près dans le même sens.

Ces changemens auront pour cause première, l'augmentation *considérable* de la portée et de la justesse des armes portatives, qui dépassera *de bien loin* l'extrême portée de la mitraille, et fournira même, sous certaines conditions, les moyens d'inquiéter sérieusement les batteries tirant à boulet. Ainsi, pour en donner une idée, à la distance de *mille* mètres, la balle lancée par un fusil ou une carabine rayée, traverse souvent trois cibles de vingt-deux millimètres d'épaisseur, et sa justesse est telle, qu'on peut à cette énorme distance, toucher vingt pour cent sur une cible de deux mètres de côté. Une plus grande puissance matérielle et morale de l'infanterie, une réduction considérable de l'arme de l'artillerie, et par là de grandes économies, telles seront infailliblement les conséquences de l'adoption de ce système. Ces résultats, quelle que soit leur importance, ne sont pourtant encore que secondaires, en présence de ceux auxquels ils conduisent et qui dominent de haut toute la question.

Voici pourquoi.

Le premier principe de l'art de la guerre est, d'attaquer le point le plus faible de l'ennemi par des forces supérieures ; la stratégie et la tactique en fournissent le moyen par la mobilité de la puissance de destruction des troupes. Là, le motif de cette grande maxime du maréchal de Saxe : L'ART DE LA GUERRE EST DANS LES JAMBES. — Or, le plus grand obstacle à la mobilité des troupes est l'emploi de l'artillerie ; moins une armée traîne de canons à sa suite, plus elle devient mobile, donc, le système d'armement qui permet d'en diminuer le nombre, est incontestablement le meilleur. Si votre système est bon, dira-t-on, toutes les puissances l'adopteront, l'équilibre se rétablira et il n'y aura rien de changé. Ici se présente le point culminant de toute la question. Lorsqu'il sera éclairci, on comprendra son immense importance, on comprendra que les considérations qui précèdent, et qui, au premier abord, pourraient paraître oiseuses ou hors de propos, étaient essentielles, indispensables à présenter. Pour décider ce point important, une haute autorité est nécessaire à l'appui de ce que dit la raison, et heureusement M. Delvigne a recueilli ce jugement, dans une circonstance de sa vie, mémorable pour lui. Les considérations ci-dessus avaient été exposées par lui dans un mémoire publié en 1836, et dont la lecture attira l'attention de M. le maréchal duc de Dalmatie, comme elle avait attiré celle de Monseigneur le duc d'Orléans. M. le maréchal fit appeler M. Delvigne, le 8 février 1838. A peine la porte de son cabinet fut-elle entr'ouverte que M. le maréchal s'écria : « *Je* » *pense comme vous, Monsieur, et lorsque nous se-* » *rons arrivés à donner aux armées françaises la* » *plus grande mobilité possible, elles l'emporte-* » *ront sur toutes les armées de l'Europe !* »

Voici à quoi se rapportaient *ces paroles remarquables*, précieusement recueillies, et qui peuvent fixer l'opinion, sur le point qui domine toute la question. L'autorité du jugement n'aura certainement rien perdu, pour avoir été prononcé à une époque plus rapprochée de celle où M. le maréchal Soult commandait des armées à la guerre.

Prévoyant l'objection du rétablissement de l'équilibre par une adoption générale de son système, M. Delvigne avait écrit, page 80 de son mémoire, publié en 1836, ce passage :

« Voici ma réponse, je la livre aux méditations » les plus sérieuses des militaires.

» Du jour où l'on adopterait pour l'armée fran-

» çaise l'organisation qui permettrait la plus
» grande mobilité possible, mobilité qui n'aurait
» d'autres bornes que celles que la nature a po-
» sées dans les forces physiques de l'homme, dès
» ce jour, l'armée française acquiert tout-à-coup,
» sur toutes les armées de l'Europe, à l'exception
» des armées espagnoles, un avantage immense,
» inhérent à son sol, à la nature et au caractère
» de ses habitans, jamais les autres peuples ne
» sauraient atteindre au même degré de mobilité,
» quelques efforts qu'ils puissent faire pour y par-
» venir, car, il est reconnu, qu'à l'exception de
» l'Espagnol, le soldat français est celui qui mar-
» che le mieux et qui est le plus susceptible,
» même après une très longue marche, d'être
» poussé à une action de vigueur par l'exaltation
» morale que l'on peut développer chez lui.

» Dès ce moment, la stratégie, en disposant
» plus librement de la puissance de destruction,
» la dirigera avec toute la rapidité possible sur
» les points les plus faibles. »

Et qu'on ne dise pas qu'une telle révolution dans l'art de la guerre, est peut-être bien loin de nous! L'avant-garde de ces armées nouvelles, de ces ARMÉES LÉGÈRES, est partie pour l'Algérie! L'image de la grande révolution qui se prépare, se trouve frappante de vérité dans la formation de cette petite avant-garde! Ce sont soixante canonniers d'élite, abandonnant leurs pièces, qui par une faveur spéciale, par une injustice commise envers l'infanterie, saisissent des fusils rayés, des carabines rayées, des mousquetons rayés à balles cylindro-coniques, et qui sous la direction d'un prince artilleur, vont soumettre ce nouveau système au baptême du feu ! Bientôt, peut-être, on verra mis à l'ordre du jour de l'armée d'Afrique, le nom d'un officier d'artillerie, pour avoir fait taire à coups de mousquetons le feu d'une batterie arabe qui incommodait nos colonnes !

Et qui ne voit M. le maréchal Bugeaud, ce fantassin dans l'âme, ce fantassin par excellence, accueillir avec joie, cette avant-garde de canonniers se faisant fantassins, abandonnant leurs canons, leurs prolonges et s'emparant injustement d'armes portatives, certains de pouvoir par elles, cueillir plus de lauriers ! Qui ne voit le développement que va recevoir ce système, lorsque par l'appui, par les instances de M. le maréchal duc d'Isly, une partie du moins de l'infanterie de l'armée d'Afrique sera pourvue de ces armes redoutables.

Déjà l'ordre de marche des colonnes qui vont attaquer la Kabylie, indique, comme un élément de force, nouveau, attaché à chaque brigade, vingt fusils rayés à balles cylindro-coniques ; c'est à l'avant-garde et à l'arrière-garde, sans doute, que M. le maréchal les fera marcher, pour y remplacer en partie l'emploi du canon !

3

Lorsque les adversaires de M. Delvigne ont affecté de ne voir dans vingt années de travaux qu'un coup de baguette donné sur une balle, il devenait indispensable de rappeler la vérité et de présenter les conséquences réelles auxquelles on est arrivé.

Et en présence de ces faits, c'est en vain que tous les princes, connaissant la position pénible dans laquelle de grands sacrifices ont entraîné M. Delvigne, ont daigné le recommander vivement à la bienveillance du ministre de la guerre; c'est en vain que les anciens ministres de la guerre, que M. le maréchal Valée, et beaucoup d'officiers-généraux l'ont appuyé vivement! C'est en vain que M. le maréchal Bugeaud et deux de ses collègues à la Chambre, adressèrent une lettre pressante à cet égard ; enfin, c'est en vain que quarante-quatre députés de tous les bancs de la Chambre signèrent de leur propre mouvement une pétition, pour appeler sur lui la bienveillance du gouvernement ! Toutes les démarches ont été paralysées par l'opposition du comité de l'artillerie, ou plutôt peut-être par deux ou trois généraux d'artillerie seulement, invoquant l'esprit de corporation! MM. les députés ont fait remarquer, tout en reconnaissant les perfectionnemens apportés par nos savans artilleurs, qu'en présence des conséquences étonnantes, imprévues, auxquelles conduisent les expériences qui se font à

Vincennes, il serait souverainement injuste d'oublier qu'elles ont toutes pour origine les essais de M. Delvigne, que les idées premières, les idées mères lui appartiennent! Mais le comité de l'artillerie auquel toutes ces recommandations puissantes sont renvoyées, émet l'avis qu'on ne peut rien faire de plus pour l'inventeur! Et cependant, MM. les députés vont plus loin, ils pressent leur argumentation, ils écrivent au ministre cette phrase chaleureuse : « Vous ne permettrez pas,
» nous en avons l'entière confiance, que le nom
» de M. Delvigne aille de nos jours augmenter la
» liste, déjà si nombreuse, des inventeurs qui
» sont morts victimes de l'oubli ou de l'ingrati-
» tude de leurs contemporains. Aussi, M. le mi-
» nistre, nous n'hésitons pas à vous offrir d'a-
» vance l'expression de notre profonde gratitude. »
— Et un silence glacial, en réponse à une telle phrase, ne dit-il pas... Un nom de plus sur la liste !!

Mais les adversaires, les ennemis de M. Delvigne ne voient-ils pas qu'ils ont manqué leur but ! Ce n'est pas là ce qu'il fallait faire, il fallait accorder quelque chose, peu de chose, et alors le but était rempli !

Oui, alors l'avenir de ses enfans pouvait être compromis, ses protecteurs, sinon satisfaits, ne pouvaient du moins trop se plaindre ! Lui-même était condamné au silence et condamné même à une sorte de reconnaissance envers ceux qui s'acharnent à lui nuire !

Mais rien, absolument rien !.. Combien la chose est différente, combien la position est plus favorable pour M. Delvigne ! Les sentimens réels dont on est animé envers lui, se sont trahis ! Personne ne sera dupe de ces protestations, que, *quoi qu'on en dise « on a été, on est, et on sera toujours consciencieux* ! » Et ce mémoire n'eût pas paru non plus pour faire connaître la vérité, la vérité qui triomphe tôt ou tard ! Une corporation peut, il est vrai, s'efforcer de nuire injustement à un homme, lors même qu'il aurait rendu service à son pays, car, on le sait, ce que les corporations pardonnent le moins, c'est le succès obtenu dans des choses qu'elles regardent comme de leur domaine !

Mais le pays, mais les Chambres n'éprouvent jamais de semblables sentimens ; le caractère français est généreux, et si beaucoup d'inventeurs ont été malheureux en France, c'est que toujours quelques hommes, froissés dans leurs intérêts ou dans leur amour-propre, s'interposaient entre eux et le pays, pour empêcher, par haine ou par envie, qu'ils soient récompensés !

M. Delvigne est donc tranquille sur l'avenir de ses enfans ; la France toujours généreuse et guerrière, les remboursera de leurs avances, employées à doter l'infanterie française, cette reine des batailles, à doter la cavalerie de nouveaux élémens de puissance et de gloire ! Quant à lui personnellement, les hommes de cœur, les hommes dévoués à leur pays comprendront, eux, que, quels que soient les tourmens que la conduite de ses adversaires pourrait parvenir à accumuler sur lui, ils seront toujours au-dessous de la vive satisfaction qu'il éprouve, d'avoir par sa persévérance forcé l'artillerie à adopter et à améliorer même, ses inventions, qui maintenant feront développer dans l'infanterie une si grande puissance. Bientôt se réalisera ce vœu des plus grands capitaines de voir diminuer la trop grande prépondérance de l'arme de l'artillerie, et pendant que l'infanterie française marchera ainsi vers une destinée nouvelle et glorieuse, il voit apparaître de plus en plus la vérité de sa réponse à M. le général russe Okounef, insérée dans le numéro du *Spectateur* de novembre 1836 ; « *L'avenir de l'arme de l'artillerie est enchaîné à ces pesantes masses de bronze, auxquelles appartient, à si juste titre, l'ancienne dénomination de* IMPEDIMENTA ! »

Certes, il est pénible à M. Delvigne de voir M. le maréchal ministre de la guerre, le traiter avec tant de rigueur, après avoir lui-même adopté plusieurs de ses inventions. Mais M. le maréchal serait-il le premier ministre qui aurait été trompé ? Ce n'est même pas la première fois qu'il l'a été dans cette affaire; aussi M. Delvigne espère-t-il bien avoir encore une fois dans sa vie le bonheur d'entendre M. le maréchal lui dire, au sujet de la fatale lettre qui fait l'objet de ce mémoire, ce qu'il lui fit l'honneur de lui dire le 8 février 1838, au sujet de la lettre de rejet de son système, que l'artillerie lui fit signer le 12 février 1831, et qui causa la perte de sa carrière.

Cette circonstance ayant été rappelée à M. le maréchal, il répondit très vivement: « Ne me » parlez pas de cette lettre, Monsieur! vous n'a-» vez pas besoin de me parler de cette lettre, ma » religion est parfaitement éclairée! »

Avant de terminer ce mémoire, il faut le répéter ici, M. Delvigne s'était résigné à courber la tête sous l'injustice; mais après un refus de M. le ministre de la guerre, reposant sur des considérations peu fondées, il a dû présenter sa défense aux hommes honorables, éminens, qui veulent bien l'appuyer, et ne pas permettre qu'en présence de services rendus au pays, le malheur devienne sa récompense.

Il est une autre considération encore de nature à devoir empêcher qu'on ne l'accable. Ne pourra-t-il pas encore être utile à son pays? D'autres perfectionnemens ne pourront-ils pas être apportés par lui dans la voie qu'il a ouverte? La fixation des modèles des armes qu'il a inventées et qu'il a proposées, sous la protection de

Monseigneur le duc de Nemours, pour la cavalerie, n'est pas terminée ; la commission supérieure, présidée par M. le comte de Sparre, en poursuit encore l'étude. D'un autre côté, M. le ministre de la marine, dont l'attention a été éveillée par les résultats des épreuves de Vincennes, a accueilli favorablement la proposition que M. Delvigne lui a faite, avec l'appui de M. le prince de Joinville, de faire l'essai de l'application de son système à l'artillerie de marine, surtout pour la défense des côtes. En ce moment même, deux caronades de douze viennent d'arriver à Paris. Elles vont être rayées sous la direction de M. Delvigne, et serviront aussitôt après, à des épreuves approfondies à Lorient. Si, comme on peut l'espérer, on obtient de ces bouches à feu, par l'emploi de boulets cylindro-coniques incendiaires, une portée et une justesse en rapport avec celles que l'on obtient des armes portatives, il est certain que les moyens de défense des côtes de la France et la puissance de sa marine seront considérablement augmentées. La justice, l'équité, la dignité du gouvernement, l'intérêt même du pays, ne sont-ils pas engagés dans une solution plus convenable de cette affaire?

M. Delvigne ose donc espérer que la bienveillance qu'un si grand nombre de MM. les députés ont bien voulu lui accorder lui sera continuée, et que la vérité, toujours si difficile à démêler dans des conflits d'intérêts, pourra, par leur appui, parvenir à M. le maréchal ministre de la guerre.

Dans le but de l'éclairer, et de trouver en même temps des titres pour appuyer sa responsabilité, M. Delvigne supplie donc MM. les députés d'obtenir pour lui, *qu'après avoir pris l'avis du comité de l'artillerie M. le maréchal veuille bien consulter le comité de l'infanterie et le comité de la cavalerie, placés naturellement dans une position offrant plus de gages d'impartialité, et pouvant même mieux faire juger aussi, de l'importance réelle de l'application du système, au service des armes dont ils représentent et défendent les intérêts.* MM. les députés pourront, jusqu'à un certain point connaître l'opinion de ces comités, puisque M. le général Schneider, signataire de la pétition adressée à M. le ministre de la guerre, préside le comité de l'infanterie, et que M. le général Oudinot, également signataire, est membre du comité de la cavalerie.

Dans une circonstance si grave pour M. Delvigne, ce sera sans doute remplir les intentions de trois anciens ministres de la guerre, et de M. le maréchal comte Valée, que de faire connaître ici les attestations autographes qu'ils ont bien voulu lui donner il y a déjà plusieurs années, précisément dans le but de le protéger contre une influence dont personne mieux qu'eux n'a pu connaître le poids. L'opinion des anciens ministres de la guerre sera sans doute aussi, aux yeux de M. le maréchal duc de Dalmatie, un titre puissant de plus, pour motiver un acte de justice et de bienveillance de sa part.

« Je soussigné, duc de Clermont-Tonnerre, dé-
» clare, qu'en 1826, étant ministre de la guerre,
» M. Delvigne me présenta une carabine de son
» invention, dans laquelle la balle s'aplatissant
» par le choc de la baguette et remplissant une
» chambre préparée à cet effet, sortait forcée
» avec autant de force dans le choc que de jus-
» tesse dans la direction. Je lui parlai de prendre
» un brevet d'invention : il me témoigna le désir
» de ne pas le faire, de peur que son invention
» ne restât pas secrète, s'en remettant à la loyauté
» et à la générosité du gouvernement du roi pour
» le récompenser d'une manière convenable. Ce
» dont alors je lui donnai l'assurance.

» *Signé :* CLERMONT-TONNERRE.

» Paris, le 10 décembre 1842. »

« Je fus témoin de la présentation faite en 1826
» à M. le ministre de la guerre, de l'invention de
» M. Delvigne, indiquée par le certificat ci-contre.
» De nombreuses expériences ont dû, dès-lors,
» constater le mérite de cette invention et de plu-
» sieurs autres propositions de l'auteur tendantes
» à améliorer l'armement des troupes. J'ai tou-

» jours pensé que M. Delvigne méritait à cet égard
» la bienveillance du gouvernement du roi.

» *Signé :* Maréchal comte Valée.

» Paris, le 16 décembre 1842. »

« Je déclare que j'ai eu connaissance des tra-
» vaux constans et des essais réitérés entrepris
» depuis longues années, par M. Delvigne, pour
» perfectionner les armes à feu à l'usage de l'in-
» fanterie et de la cavalerie, ainsi que des avan-
» tages réels qu'offrent plusieurs procédés et in-
» ventions, trouvés par cet ancien officier.

» En qualité de directeur du personnel pendant
» trois ans et comme ministre de la guerre à deux
» reprises différentes, j'ai cru devoir encourager
» M. Delvigne dans les recherches auxquelles il
» se livrait pour compléter son système de force-
» ment de la balle par aplatissement, système
» qui procure une justesse de tir et une étendue
» de portée jusqu'alors inconnues dans nos armes
» de guerre.

» En conséquence, j'ai toujours pensé que
» M. Delvigne devait être soutenu par l'État dans
» les essais onéreux auxquels il s'est livré, et que
» cet inventeur, qui travaille uniquement dans
» l'intérêt de la France, mériterait une rémuné-
» ration pour les perfectionnemens importans

» dont on lui serait redevable dans l'armement
» des troupes.

» *Signé* : Général Cubières, pair de France.

» Paris, le 20 décembre 1842. »

« Comme officier d'infanterie, comme ministre,
» j'ai pris un vif intérêt aux efforts persévérans
» de M. Delvigne, pour améliorer l'armement et
» la justesse du tir dans l'armée.
» Il faut bien reconnaître que sa constance et
» ses essais nombreux ont obtenu plus d'un suc-
» cès, et que la France et l'armée lui doivent une
» véritable reconnaissance pour ses opiniâtres re-
» cherches, son habileté et son dévoûment.

» *Signé* : Le lieutenant-général, député,
» Schneider.

» Paris, le 24 décembre 1842. »

www.ingramcontent.com/pod-product-compliance
Lightning Source LLC
LaVergne TN
LVHW021712080426
835510LV00011B/1738